JN438384

오늘의문학시인선 361

고촉사 소나무

김창규 시집

오늘의문학사

국립중앙도서관 출판시도서목록(CIP)

고촉사 소나무 : 김창규 시집 / 지은이: 김창규. -- 대전 :
오늘의문학사, 2015
p. ; cm. -- (오늘의문학시인선 ; 361)

ISBN 978-89-5669-723-9 03810 : ₩8000

한국 현대시[韓國現代詩]

811.7-KDC6
895.715-DDC23 CIP2015031886

고촉사 소나무

| 머리말 |

살아있는 인생학교

나라 잃은 시대에 태어난 사람들에게는 사는 것이 얼마나 어려웠을까. 굶어죽는 사람이 부지기수였으니, 초근목피로 식사를 하는 것이 아니라, 죽지 못해 끼니를 때웠다.

해방과 6.25 사변 때 젊은 청춘을 불사르고 지낸 전후 세대들은 대개 70세 후반에서 90대까지다. 일제식민지 시절에 태어나 말과 성까지 빼앗기고, 갖은 압박과 고통 속에 살아남아, 해방과 6.25사변 보릿고개를 넘어 독재와 민주화 산업화 시대를 거치는 동안, 밤낮을 가리지 않고 산업전선에서 숱한 시련을 이겨내고 고생하시며 살아온 분들이다.

그러기에 부모님들의 삶은 한편의 드라마나 대하소설의 주인공이 될 충분한 내용과 깊이를 지니고 있다. 부모님들은 부나 명예 권력 등 세상의 무엇과도 바꿀 수 없는 쓰라린 삶을 살아온 분들이다. 그 삶의 자체가 소중한 역사며, 나아가 희생 인내 희망 용기 등 살아있는 스승의 인생교육 학교라 해도 될 것이다.

역사는 과거 현재 미래로 연결되어, 그 분들은 후손들에게 희망과 용기를 줄 수 있는 주인공으로 깨닫게 한다. 요즈음 스마트폰 인터넷 등 다양한 문화 시설 때문에 책을 보거나 글을 쓰지 않는 편리한 세상 속에 역사는 어떻게 이어갈 것인가.

답답한 심정이다. 이제는 다문화 시대로 이어져 조상의 뿌리도 모르는 판에, 역사는 끝없이 이어져 앞 세대로부터 배우고 뒤 세대들에게 물려주는 좋은 책이어야 한다. 우리 사회 발전의 밝은 등불로 영원히 이어져야 한다.

차례

머리말 — 5

제1부_잊을 수 없는 세월

구절초 — 13
돌아오지 않는 세월 — 14
설중(雪中) 산사(山寺) — 15
아름다운 환호 — 16
운명은 스스로 만드는 것 — 17
잊을 수 없는 세월 — 18
최선을 다한 선수의 마음 — 19
가장 값진 선물 — 20
거리의 주인은 누구인가 — 21
행복은 누가 만들어 주는가 — 22
돌탑과 사람들 마음 — 23
웃음은 건강에 좋다 — 24
걷기 운동 — 25
까치집을 뺏은 까마귀 떼 — 26
아름다운 가치관 — 27
손녀딸 지현 — 28
마음과 마음 — 29
오는 정 가는 정 — 30
공부란 무엇인가 — 31
버려야 할 근성 — 32

차례

제2부_푸른 산의 고마움

천둥 소리 — 35
무관심 1 — 36
봄소식 — 37
중학생 지현 — 38
비는 내리는 속도에 따라 변한다 — 39
만물은 환경에 따라 변한다 — 40
희망과 꿈 — 41
푸른 산의 고마움 — 42
생명의 귀중함 — 43
겸손 — 44
잃어버린 안경 — 45
내 나이가 어때서 — 46
웅덩이를 채우는 물처럼 — 47
진실이란 — 48
인연 따라 — 49
흐르는 세월은 — 50
해맞이와 생강차 — 51
유정 무정 — 52
보내는 마음 — 53
잡초의 일생 — 54

차례

제3부_이름을 남긴 사람들

고축사 늘 푸른 소나무 — 57
고축사 꽃길 — 58
옛 고향 — 59
눈 내리는 벌판 — 60
창공을 가르는 기러기 — 61
삶이란 무엇인가 — 62
세월호 참사 — 63
길을 잃고 물속으로 — 64
산은 높고 물은 낮다 — 65
참새와 제비 — 66
이름을 남긴 사람들 — 67
나는 어떤 존재인가 — 68
고달픈 삶을 깨칠 때면 — 69
때와 시기는 운명을 좌우한다 — 70
책과 컴퓨터 — 71
진정한 친구 — 72
지하상가 — 73
시대의 흐름 속에 — 74
폭염 폭우 태풍 3형제 — 75
식생활의 변화 — 76

차례

제4부_산에서 만나는 사람들

산신재 — 79
산에서 만나는 사람들 — 80
조와 메밀꽃 — 81
설거지 — 82
연꽃 — 83
만물은 태어날 때부터 — 84
여름방학 — 85
살아있는 동안에 — 86
실수란 있을 수도 있다 — 87
행복한 가정 — 88
묘와 납골당 — 89
고향 산천 — 90
계절의 물레방아 — 91
말은 지방에 따라 — 92
며느리 — 93
공동우물 — 94
가을 방생과 삼사 순례 — 95
소리 없이 내리는 봄비 — 96
평생 무임 열차 — 97
잘나고 못나고 — 98

차례

제5부_보문산 시루봉

김장 ---- 101
보문산 시루봉 ---- 102
자벌레 떼의 경주 ---- 103
고촉사 범종소리 ---- 104
광덕사 ---- 105
마곡사 ---- 106
잃어버린 지갑 ---- 107
가을 단풍 ---- 108
벼 메뚜기 ---- 109
끈질긴 인내심 ---- 110
으악새 슬피 우는 가을 ---- 111
무관심 2 ---- 112
인생의 지혜 ---- 113
가을과 인생 ---- 114
추억 ---- 115
과거와 현재 ---- 116
말로 입은 상처 ---- 117
항아리 ---- 118
산사(山寺) 연등 ---- 119
옛 벗의 만남 ---- 120

■ **작품해설** ‖ 리헌석
직관과 깨달음에 의한 관조적 경지 ---- 121

제1부

잊을 수 없는 세월

구절초

가을을 머금은 구절초,
아홉 절기를 지나
가을이 익어갈 무렵
비로소 꽃을 피운다.

인내와 희생으로
묵묵히 살아온
어머니를 닮아
선모초라 부른다.

오월 단오에 줄기가
5마디가 되고
음력 9월 9일이 되면
9마디여서 구절초가 되었다.

돌아오지 않는 세월

멀리 바다 건너
수평선 너머로 간 세월
혹시나
몇 년을 기다려도
돌아올 줄 모르고
희미한 안개 속에
별빛만이 흘러내리네.
해와 달은
세상을 따뜻이 밝히지만
그 밝은 빛은
돌아올 줄 모르네.

설중(雪中) 산사(山寺)

눈에 묻혀 길을 잃고
눈이 녹기를 기다린다.
따끈한 차 한 잔이 길이다.

아름다운 환호

산마다 가을단풍 보기도 좋으련만
산의 형태에 따라 느낌도 다르다.
골짜기 단풍은 폭포수가 밀려오듯
단풍도 환호 속에 몰려든다.
산 능선의 단풍은
봉우리를 향해 일제히 합성이다.
불꽃이 올라가는 느낌,
마을 전체가 축복을 받는 느낌이다 .
나무는 항상 그 자리에 서있지만
가을의 단풍은 보는 사람 마음을 움직여
일체유심조(一切唯心造)를 외친다.

운명은 스스로 만드는 것

산사에 노스님이 계셨는데, 아직까지 어느 누구도 스님의 말문을 막히게 한 사람은 없었다. 어느 날 동네에 사는 똑똑한 아이가 작은 새 한 마리를 손에 쥐고 와 스님에게 물었다. 이 새가 죽은 것이요, 산 것이요? 그 소년의 마음엔 스님이 살았다고 하면 즉시 새를 목 졸라 죽여 버릴 것이고, 죽었다 하면 날려 보낼 생각이었다. 소년 생각에는 내가 스님을 드디어 이기는구나, 의기양양했는데 스님은 웃으며 얘야 그 새의 생명은 네 손에 달렸다. 내 입에 달린 것이 아니란다. 소년은 새를 날려 보내며, 스님은 어떻게 이토록 지혜로우십니까? 스님도 예전에는 멍청한 아이였으나 열심이 공부하고 생각하다 보니 지혜가 생기기 시작했다. 너는 나보다 더 지혜로운 사람이 될 것이라며 칭찬을 했다. 그 후 소년은 더 열심히 공부하여 현자가 되었다.

잊을 수 없는 세월

마을마다 집성촌을 이루고 살 적에는 가난 때문에 먹을 것이 없어서 죽을 쑤어 먹었어도, 손님이 오시면 물 한 사발 더 부어 나눠먹고 살았다. 조상님들의 묘소는 명당을 찾아 얕은 산 높은 산을 가리지 않고 몇십 리 몇백 리라도 찾아 모셨다. 제사도 잘 차려 정성껏 지내드렸다.

최선을 다한 선수의 마음

우리나라 국민 모두의 마음은
비슷하지 않을까.
아쉬움 분노와
마지막까지 경기를 보는 마음들
개인을 떠나 나라를 대표하고 있었고,
어려운 여건 속에서도
최선을 다한 선수 김연아.
메달을 도둑맞았다는 생각이다.
누구보다 태연한 모습
중요한 건 메달의 색깔이 아니라
마지막까지 최선을 다한 것이라며
금메달은 더 간절한 사람에게
줬다고 생각하자,
마음에는 많은 아쉬움이 남아 있지만.

가장 값진 선물

선물 중에는 고마웠던 분들에게 마음의 인사를 하는 것이다. 무엇을 전하느냐? 정성이 담긴 선물일수록 마음에 담기는 것이다. 지금 생각해보면 초등학교 시절에 선생님의 지혜에 감동한다. 팔구십 점 맞은 애들이 성적이 떨어지면 회초리로 세대씩 맞았으며, 더욱 노력을 당부했다. 그러나 오십 점 이하는 선생님이 절을 하며 열심히 노력할 것을 당부했다. 시간이 흐른 후 학교에서 가장 모범 반이 되었다.

거리의 주인은 누구인가

건널목에서는 사람이 우선이고
차도에는 차가 우선인데
차들은 신호를 무시할 때가 있다.

어린이들은
신호를 보고 가면서
마음이 불안해
좌우를 살피며 손을 들고 건넌다.

사람들은 때로
인도에 주차한 차를 피해
차도로 내려 갈 수밖에 없고,
아찔한 순간순간
그때마다 차의 눈치를 봐야 한다.
거리의 주인은 누구인가.

행복은 누가 만들어 주는가

남들의 애달픈 사연을 들으며, 얼마나 고생이 많고 고통스러웠을까. 치매 걸린 시어머니 병수발에 가난이 겹쳐 마음대로 할일을 못하는 심정 어떠할까? 살다보면 뜻대로 안 되는 것이 너무 많이 보여 괴롭다. 가정마다 행복과 불행은 있는 법, 잘 산다고 모두가 행복한 것은 아니고, 가난하다고 불행한 것도 아니다. 마음에 만족을 느끼고 즐거우면 행복이다. 서로 이해하고 합심하여 행복하게 살면 극락이다.

돌탑과 사람들 마음

산을 오르다보면, 중턱에 성황당이 있는가 하면, 골짜기나 능선에 돌로 탑을 쌓은 곳이 있다. 간혹 사람들은 쌓은 돌탑에 돌하나 얹다가 무너질까봐, 정성을 다해 올려놓는다.

무슨 의미일까?

돌탑에는 쌓는 사람의 기원과 믿음이 담겨 있다. 스스로 정성껏 선을 쌓는다는 마음이다. 자신의 미래가 밝아올 것이라는 믿음이다. 좋은 일이 생기겠지 하는 소망이다.

웃음은 건강에 좋다

비오는 날, 우산이 활짝 펼쳐지면 옷이 젖지 않는다. 펴지지 않으면 옷이 젖는다. 선조들은 웃으면 복이 온다고 가르쳤다.

동의보감에서 허준 선생은 웃음은 보약보다 좋다고 하였으며, 육체와 정신 수양에 가장 좋은 방법이라고 했다.

가정의 행복도 웃음 속에서 나온다고 했다. 가장 가난한 사람은 미소가 없는 찡그린 사람이다. 심통이 난 사람이다.

웃음은 긴장을 풀어주고 혈액 순환을 돕는다. 편견의 벽을 허물며 사람에게 편안함을 준다. 웃음은 장수의 비결이다

걷기 운동

건강을 향상시킬 수 있는
운동은
숲속을 걷는 일이다.
스트레스가 해소되고
기분이 좋아진다.
일상 생활 속에
활기와 생기를
불어넣는데 충분하다.
걸으면서 생각하는 사고의 폭이
우리의 뇌를 열어 준다.

까치집을 뺏은 까마귀 떼

까마귀는 집을 못 지어
까치가 버린 집이나
지금도 살고 있는
까치집을 빼앗아서 사는가?

까마귀 떼가
한동안 소란을 피웠다.
며칠 괴롭힌 끝에 조용하다.
집을 내준 모양이다.

까치는 영리하여
집을 지으려 무척 노력한다.
시일이 걸리는 동안
높은 나무에 터를 잡은 모양이다.

아름다운 가치관

살면서 무엇을 생각하며 사는 것이 중요한 일인가. 태어나면서 생을 마칠 때까지 수십 번 변하게 된다. 유년, 청년, 중년, 말년, 세월 따라 이렇게 변하는 것이 인생이다.

미래를 설계하고 진로를 결정하는데 생각이 중요하다. 친한 사람들과 모여서 정담을 나누고 있으면 즐겁다. 좋은 분들과 함께하는 사실만으로도 감사하고 행복하다

손녀딸 지현

동생 짐을 싸주는 초등학고 일학년 김지현, 2007년 2월 26일 밤 9시 손자 동현이 전화를 했다. "할아버지 동현이에요. 내일 제주도 가요." "누구랑 가니?" "유치원 아이들과 같이 졸업기념이라 가요." "부모님들도 같이 가니?" "유치원 아이들만 가는데요. 3명은 가정 사정으로 못가고 23명만 선생님하고 가요." "제주도는 왜 가는데?" "잠수함 보려가지요." 잠시 후 전화를 바꾼다. "할아버지 지현이에요. 제가 동현이 짐을 싸야 하기 때문에 용건만 간단히 하세요. 동현이도 봐야 하니까요." "엄마 아빠는 무얼하고?" "어린이 짐은 제가 싸주는 게 좋아요." 한 살 위인 초등학생 누나가 하는 말이다. 어려서부터 동생을 아끼는 마음은 누구보다 특별하였지만 어른처럼 행동하는 지현이가 대견스럽다

마음과 마음

마음을 넓게 가지면 한없이 넓지만, 작게 먹으면 바늘구멍보다 더 좁다. 마음과 마음 사이에는 웃고 우는 희와 비가 엇갈린다. 살면서 많은 사람들 중 좋은 사람 싫은 사람 호감을 갖게 하는 사람 불편을 주는 사람 모두가 톱니바퀴처럼 맞물려 돌아가는 것이 우리인생살이다. 내가 남에게 도움을 주는 사람 남에게 도움도 피해도 주지 않는 사람 남에게 피해만 되는 사람 중 나는 어떤 인물인가 생각을 해봐야 한다. 남을 이해하고 배려하는 마음을 가지고 살 때 그 사람의 인격을 알 수 있다. 좀 더 크고 따뜻한 마음을 가진다면 살기 좋은 세상이 된다.

오는 정 가는 정

강추위 속에도 봄은 어김없이 찾아온다.
우수 경칩도 지났으니 봄이다.
겨우내 입었던 두터운 점퍼 벗고 보니
추운 듯하면서도 마음이 가볍다.
이제 꽃들이 피어나겠지.
수많은 초목들이 움트는 소리가
가까이 들리는 듯
먼 산에 아지랑이 피어오르고
골짜기 개울물소리 점점 소리 높여 흐르고
오랜 가뭄 끝에 봄비가 속삭이며 내린다.

공부란 무엇인가

사람들은 어려서부터 죽을 때까지 배우며 살아갑니다. 아기 때 걸음마부터 시작, 학교에 다니고, 결혼하고 직장생활을 합니다. 미래를 넓게 생각해 몸과 마음을 단련하여, 사람마다 한권의 교과서를 만들어 가는 것이 인생입니다.

사람은 짐승들과 달리
지혜와 자비의 마음이 있기에
능력에 따라 살아갑니다.

물속의 잉어는 작은 어항에 있으면 5-8cm 정도 자라지만, 저수지에서는15-25cm 강물에서는 90- 120cm까지 자라 환경의 지배를 받으며 삽니다. 평생을 배우며 사는 것이 인생입니다. 팔십세 노인도 세 살 먹은 손자한데 배웁니다.

버려야 할 근성

행복하게 사는 사람도
자기보다 더 좋은 집에 잘 사는 것을 보면
자신을 초라하게 느낀다.
좋은 차를 타고 다니면서도
남의 차가 자기차보다 더 좋으면
자기 차를 나쁘게 생각한다.
수준에 맞게 살아야 한다.
흐트러져 살던 사람들이 명절 때
고향에 가면
가족과 친지친구들을 만난다.
서로의 모습이 새롭게 보인다.
행복하게 잘 사는 모습을 보이기도 하지만
감추고 싶은 아픔을 겪는 이들도 있다.
애써 드러내지 않으려 해도 드러난다.
서로 좋은점은 인정하고 함께 기뻐하되
은연중에 자랑삼아 나를 드러내면
어느 누구에게는 상처가 된다.

제2부

푸른 산의 고마움

천둥 소리

이 세상 사람들이 살아가는 모습은 천태만상이다. 부자이면서 거지 행세를 하며 살아가는 사람이 있는가 하면, 가난하면서 부자행세를 하면서 사는 사람도 있다. 평범하면서 행복을 느끼며 사는 사람이 잘사는 사람들이다.

얼마 전 지상에서 마지막 의무를 다하듯 마지막 월세와 공과금을 담은 봉투 위에 "주인 아주머니, 죄송합니다. 마지막 월세와 공과금입니다." 라고 쓴 세 모녀가 이 땅을 등진 일이 있다. 얼마나 안타까운가? 우르릉 쾅, 가슴이 무너진다.

무관심 1

사람들이 살아가는 동안
무관심 속에서
세월호 같은 대형사고가 생긴다.
자기에게 주어진
역할에 충실했다면
이런 대형사고,
슬픈 참사는 없었으리라.
무관심의 씨앗이 되어
관련자의 욕심과
무책임이 빚은 참사다.
흘러가는 세월 따라
누구나 마음속에 자비학교를
잘 지어 놓았더라면
비극은 막지 않았을까?

봄소식

앞산 산봉우리
햇살이 다가오면
골짜기에
새들의 울부짖음 들려오고
봄볕에 개나리 진달래 다투어
수를 놓으니
앙상한 가지마다
파랗게 움트는 소리
봄비에 젖어
꽃향기 길에서 서성이네.

중학생 지현

어느덧 십여 년이 흘러 지현이가 중학생 반장이다. 말과 동작이 느린 듯한데, 어릴 적 동생을 잘 보살핀 여력이 이어진 듯하다.

"반원들을 잘 통솔해야 되는데 어떠냐?"
"할 만해요."
"모든 학생을 차별 없이 대하는 것이 너의 재능이다."
"할아버지, 고맙습니다."

지혜롭게 잘할 줄 믿지만 그래도 어리기 때문에 걱정이 된다. 넓은 마음 통솔의 능력은 어려서 재치 있는 말과 행동을 닮는 듯하다.

비는 내리는 속도에 따라 변한다

서서히 내리는 비는
땅속에 스며들어
맑은 물을 만들고
만물들이 먹고 잘 자란다.

갑자기 쏟아지는 비는
땅속에 스며들 새도 없다 .
산사태가 나고
붉은 물로 피해가 크다.

만물은 환경에 따라 변한다

옛날 가정교육은 엄하였다. 부모님께 효도하고, 형제간에 우애로우며, 이웃과 친절하게 정을 나누며 살았다. 모유를 먹여 부모의 정을 나누고 애경사가 있을 때는 온가족들이 자기 일같이 도왔다. 많은 가족들이 함께 살기에 어려움이 많았지만, 자기 먹을 복은 갖고 태어난다며, 고생이 되어도 합심하며 살았다.

희망과 꿈

희망을 찾아 꿈을 꾸며 살아간다.
아는 것이 큰 힘이다.
모르면 물어서 배워야 하는데
자존심이 사람을 해친다.

노후가 걱정되는 사회다.
어떤 고난 속에서도
희망을 갖고 살아가야 한다.
우리 모두 신중히 생각할 문제다

푸른 산의 고마움

오월은 아카시아 꽃의 향기가 온산을 덮어 산을 오르내리는 사람들의 마음을 즐겁게 한다. 가파른 길을 걸으면서 산의 고마움을 알게 된다. 거친 자갈밭을 헤매며 뜨거운 모래밭을 걸어본다. 한없이 넓은 바다 바라볼 때 인격이 성숙해졌으며, 지혜가 잘 쌓여 지식이 두터워 안식처가 되었기에, 앞으로도 배움이란 끝이 없는 것이 인생이기에, 부끄럼 없이 살아가기를 바라는 마음이다.

생명의 귀중함

과욕과 과식으로 탈이 나
고생하는 사람도 있다.

먹기 위해 사느냐?
살기 위해 먹느냐?

사람들의 생각 차이다.
지혜가 사람을 만든다.

겸손

묵묵히 앞장서는 사람이 아름답다. 잘나간다고 교만하지 말며, 어렵다고 비굴하지 말라. 때로는 벙어리처럼 침묵하고, 때로는 들의 잡초처럼 자신을 낮추라. 겸손은 마음이 훈훈해지며, 거만한 사람은 다른 사람의 말이 들리지 않는다.

잃어버린 안경

안경을 여러 차례 잃어 버렸다. 우물에서 세수하다 잃은 적도 있다. 버스에 치어 공중으로 치솟았다 떨어지는 순간 병원에 실려 가는 바람에 잃었다. 독버섯으로 점심을 잘 먹고 등산갔다가 정신없이 산을 헤매는 바람에 잃었다. 지난겨울에는 눈길에 넘어져 잃었다가 다시 찾기도 하였다. 그 안경을 엊그제 법당 주변 진달래나무를 보호하기 위해서 잡목 제거 작업하다 잃었다.

안경 하나에
세상이 잘 보이다가
세상이 뿌옇게 된다.
그게 인간살이다.

내 나이가 어때서

2000년대 고령화 사회가 되면서 요즈음 어르신들의 애창곡은 '내 나이가 어때서'이다. 〈야이야이야 내 나이가 어때서 사랑에 나이가 있나요. 마음은 하나요 느낌도 하나요. 그대만이 정말 내 사랑인데. 눈물이 나네요. 내 나이가 어때서. 사랑하기 딱 좋은 나인데.〉 가사가 시대의 자화상이다. 대가족생활을 하느라 한평생 고생하며 정신없이 살다가, 현대 핵가족 시대에 외톨이로 살아가는 것이 억울하다. '내 나이가 어때서'라는 노래는 마음을 젊게 하고 활기차게 한다. 백세 고령화 시대에 살면서도 용기를 잃지 말라고 당부하는 노래다.

웅덩이를 채우는 물처럼

흐르는 물이
웅덩이를 채우고 나서야
다시 흘러가듯,
물은 우리에게
귀한 교훈을 줍니다.

우리사회가
발전하기 위해서는
구석진 곳부터
채워 나가야합니다.

문화가 발전하는 길이요
만물이 피어나는 길입니다.

진실이란

아는 이는 많은데도, 그 마음까지 아는 이는 과연 몇이나 있을까? 세상의 사람 중 내 이름과 얼굴을 아는 이는 많을지 몰라도, 내 마음을 아는 자 얼마나 될까?

술 마시고 밥을 먹을 때는 친구가 많은 듯한데, 위급한 때의 경우 벗은 많지 않으리라. 위기 때의 친구가 진짜 친구다. 먼 길 짐을 싣고 가다보면 말의 힘을 알 수 있다.

인연 따라

세월호 사고를 입은 단원고 한 학생은 학교를 찾은 상담사가 "왜 수학여행에 동참하지 못했느냐?"는 질문에 망설이다가 집안형편을 털어놓았다. 부모는 모두 몸이 아파 거의 누워지내고, 얼마 전에 동생마저 사고를 당해 불구가 될 처지에 놓여있다는 것이다. 어려운 집안사정에 의해 못 갔다고 한다. 행실이 똑바른 그 학생은 수업이 끝나자마자 집안을 돕기 위해 아르바이트를 해야 했고, 결국 수학여행도 갈 수 없었다고 상담사에게 울먹였다. "제가 이번에 세월호를 타고 갔어야 했다며, 그럼 보상금이라도 나와, 내 동생을 고치기라도 했을 것이 아니냐?"고 했다

인연의 갈래를 여러 번 되새겨도
세상 이치가 자꾸만 흐려 보인다.

흐르는 세월은

자고나면 소리 없이 지나가는 세월
만물들은
소리 없이 끌려가느냐?
따라가느냐?
알 수 없는 일이다.
흘러가는 구름과 바람소리 새소리는
눈으로 보고 귀로 들을 수 있지만
흐르는 세월은 앞장서 뛴다.

해맞이와 생강차

갑오년 말 일찍 찾아온 추위 한 달 간 계속되어
등산길 눈과 얼음 쌓인 빙판 길 다니기 어렵고
해맞이 보러 오신 분들 따끈한 생강차 드시라고
따르는 불자님들 오고가는 정성에 행복한 웃음.

해는 구름 속에 가리어 보이지 않아도 정상에서
해맞이 하겠다는 마음으로 인산인해를 이루고
내려오는 사람들의 마음만은 활기찬 모습이다.
오고가며 마시는 생강차 맛 좋아 손을 내민다.

오후 되자 꽉 찬 하늘 구름은 걷히고 해가 나왔다.
해맞이 오신 분들은 전부 내려가고 늦게 정상에
올라보니 뜨는 해는 못 보았어도 중천의 해는
보는구나. 차가운 칼바람에 오래 머물지 못하다.

유정 무정

남의 허물을 들추어 말하지 말고
남의 비밀을 들추어 폭로하지 말며
남의 잘못을 잊고 새겨두지 말자
이 세상 비난받지 않을 사람 한 명도 없다.

착한 일 하면 날마다 좋은 일이 생기고
악한 마음 가지면 날마다 흉한 날이 되나니
눈 속에 서있는 소나무 같은 맑은 지조
물속에 비친 달과 같은 깨끗하고 텅 빈 마음.

산속 물이 흘러 개울이 되고 강과 바다가 되듯
초라한 등불이 천년의 어둠을 밝히고
한 지혜가 능히 만년의 어리석음을 없앤다.
과도한 욕심을 버리고 청정한 마음을 갖자.

보내는 마음

내 마음 안에 있는 자비와 광명
어려운 이웃에 보여주자.

내 마음 안에 있는 용기와 지혜
어리석고 불쌍한 곳에 심어주고

내 마음 속에 어리석은 성냄과 탐욕
허공 속에 띄워 멀리 보내자.

잡초의 일생

허허벌판에 새로운 새싹들이 나온다.
모진 비바람 폭풍우와 세찬 설한 속에서
잘 이겨내는 끈질긴 힘
잡초는 좋은 곳 나쁜 곳 가리지 않고
어디서나 뿌리를 내린다.
혹한 가뭄 속에서도 생명력이 강한 잡초
잘나고 못나고 예쁘고 밉고 분별이 없다.
천번만번 학대 속에 버려진 천덕꾸러기
잡초 보호 없이 밤이슬 머금고 무성하다.
다음 생을 위해 뿌리나 씨앗은
방법을 가리지 않고 쉼 없이 펴진다.

제3부

이름을 남긴 사람들

고촉사 늘 푸른 소나무

계절이 바뀌어도 늘 푸른 소나무
비바람 몰아치고 눈보라 휘날려도
만고풍상 이겨내며 변치 않는 소나무
그 자리가 그리워 꼼짝 않고 서있네.
가뭄도 이겨내고 장마도 이겨내고
사계절 무엇이 두려워서 그 자리를
떠나야 하는가, 백년이고 천년이고
그 자리만은 지키겠다는 굳은 약속
묻지도 따지지도 말라고 당부하네.
고촉사 신도님들의 불심을 지키네.

고촉사 꽃길

정성을 다해 꽃길을 잘 만들었지만 꽃들이 한 번에 피는 것은 아니다. 계절 따라 형형색색 골고루 피기에 적당한 시기를 맞추어 조화를 이룬다. 봄 여름 가을 꽃이 피는 시기도 각각 다르기에 피고지고 연속 이어지면서 수많은 꽃들이 아름답게 피어난다. 산에 오르는 사람들은 언제나 즐거운 마음으로 감상하면서 가면 좋으련만 개중에 꽃을 뽑아간 자욱도 보인다. 서로 꽃을 사랑하고 가꾸고 아끼면서 잘 보살펴 주었으면 하는 마음이다.

옛 고향

개구리의 구성진 합창과 소쩍새 울음소리가 사라져가고, 멀리서 들려오는 뻐꾸기 소리가 은은하게 나의 귀전에 맴돈다. 원래 그 자리련만, 뒷산을 깎아내어 흙은 도로와 들판을 메우고, 앞마을과 뒷동네가 합한 넓은 땅으로 변했다. 옛 건물은 온데간데없고 새로운 현대식 건물들이 눈에 띈다. 십년이면 강산도 변한다는데 반세기가 훨씬 넘었으니 어렸을 때 친구는 5.6명에 불과하고 모두가 새로운 사람들이라서 고향이라 부르기에도 어색하다. 차를 타고 한 바퀴 돌면서 마음속으로 상상해본다. 세월이 흘러간 먼 훗날 전설 같은 추억이겠다.

눈 내리는 벌판

하늘에 가득 찬 눈 보따리 넓은 들판을
채우려고 서서히 눈송이 내려놓는다.
차분히 순서대로 조심조심 채워간다.
채워도 채워도 한없이 들어가는 눈송이
언제쯤이면 다 채울까 궁금하기만 하네.

폭설로 채우려 애써 노력을 해도 안된다.
끝이 없기에 한도 끝도 없는 넓은 벌판
햇볕이 나면 녹아서 물이 되니 더욱 힘들다.
밑 빠진 독에 물 길어다 붓는다는 격이다.
언제쯤이면 다 채워질까 강추위만 기다리네.

창공을 가르는 기러기

달 밝은 밤하늘 달빛을 바라볼 때마다
별들이 반짝이며 옛날을 그리워하듯이
고향땅 어두운 곳에도 호롱불이 있었다.
지금은 전등불 밝아 어두운 곳을 모르겠네.

가을 하늘 바라보니 기러기떼 줄을 서고
호숫가에 비친 달그림자 차갑다 하는데
고요한 밤 창공을 가르며 합창하는 소리
차가운 바람 속에 말하는 뜻을 모르겠네.

삶이란 무엇인가

갑오년 올해는
일찍이 동장군이 찾아와
극성을 부리며 저무는 한해가
꽁꽁 얼어
풀릴 줄 모른다.
한동안 좋지 않은 사건들
크고 작은 뉴스가
저물어 가는 2014년을
꽁꽁 얼구었다.
부와 권력 명예 능력에
알맞게 살아라.
지나친 욕심은 화가 된다.

세월호 참사

온 나라가 슬퍼하는 가운데
6.4지방선거
가신 영령들의
극락왕생하시기를 기원하면서
6.4지방선거가 조용히 막을 내렸다.
세월호 덕분에
야당에서 표를 얻어
당선자들이 많아졌다.
세월호 참사의 슬픔 속에
영광을 안은 당선자여!
기쁨만 누리지 말고
영혼들이 편안히 잠들 수 있는
길이 열리도록 힘 모으길 바란다.

길을 잃고 물속으로

부푼 가슴 안고 수학여행길 갔다. 다시는
돌아올 수 없는 멀고 먼 길이 될 줄이야.
애절한 통곡소리 젊음을 삼킨 바다여
잘못된 판단 아까운 생명들을 버렸는가.
하늘도 땅도 국민이 우는 사이에 바다는
넘실대며 세월호를 잡고 늘어졌는가.

피우려던 꽃봉오리 가득 싣고 떠난 세월호
무정하다 방향 잃고 바다속으로 숨어들고
시간은 마냥 파도와 싸우며 돌아올 길을
찾지 못하고 애태우는 생명들은 휩싸여
실종자 바라볼수록 아픔으로 다가오는 얼굴
한숨으로 몸부림치며 물거품만 남겼네.

산은 높고 물은 낮다

오르고 내리는 곳이 산이라면
물은 낮은 곳으로 내려간다.
가다가 갈 곳이 없으면
호수가 되고 바다가 된다.

참새와 제비

참새를 잡으려고 새그물을 치고 참새 떼를 몰아 많이 잡았다. 논에는 참새 떼를 쫓기 위해 새막을 지어놓고 새를 쫓았다. 새때가 앉으면 농사를 망치기 때문이다. 참새고기가 맛있어 쇠고기 열 점과 새고기 한 점과 안 바꾼다고 했다.

지금은 농약으로 농사를 짓기에 벌레가 없어 참새도 자연적으로 숫자가 없어졌다. 참새를 보면 반가울 정도로 변했다. 곤충이 없기에 예쁜 제비 숫자도 줄어들어 제비 보기도 어렵다.

전에는 시골에 집집마다 돼지도 겨를 먹여 키워 돼지고기가 맛이 있었으나 지금은 사료로 키우기에 빨리 자라며 맛도 없다. 그래서 돼지 고기도 구분을 하기에 값이 다르다. 시대의 변천에 따라 짐승들도 변하는 것, 우리인생의 삶도 그렇다.

이름을 남긴 사람들

계절이 수없이 바뀌고
강산이 변한다 해도
훌륭한 사람이 태어난 곳은
사람에 따라 빛이 난다.

호랑이는 죽어서 가죽을 남기고
사람은 죽어서 이름을 남긴다고 했다.
세계 어느 나라든지
훌륭한 사람들은 우러러 받든다.

나는 어떤 존재인가

출근길, 앞차에 밀려 대기하고 있는데
뒤에서 빵빵할 때
순간 성질이 나지만
똑같은 사람 될까봐 꾹 참아야한다.

성질을 조절 못하면 개에 비유한다.
영리한 개와 싸워 이겨본들 무엇할까.

개와 싸워 이기면
개보다 더한 놈이라 말하고,
비기면
개와 똑 같은 놈이라 말하지만
지면
개만도 못한 놈이 되리라.

고달픈 삶을 깨칠 때면

살다보면 뒤늦게 깨닫는 일이 많다.
삶이 우리를 가르치는 방법 중에는
분명 뒤늦게 깨달음이 있기 마련이다.

부모님들은 누구나 자식들이 잘 자라
훌륭한 사람 되기를 바라신다.

고생을 보람으로 여기셨던 그 자존심을
알게 될 쯤이면,
부모님은 이미 이 땅을 떠나셨고,
하늘 같은 은혜는 갚을 길이 없다.

때와 시기는 운명을 좌우한다

때와 시기를 잘 맞추어 태어난
사람의 운명 속에는
시기를 잘 맞추어
영웅소리를 듣는다.

고생하다 생을 마감하는
사람의 운명은 슬픔이 반복된다.
역적으로 몰리어 고생하기도 하고
역사 앞에 고개를 숙이기도 한다.

서로 태어난 운명이
다르기 때문일 것이다.

책과 컴퓨터

자연과 더불어 배우고
즐기고 웃으며 사는 삶이
가장 행복하고 즐거운 일입니다.

요즈음 목표는
자연과 취미,
그리고 친구,
책과 컴퓨터입니다

자연은 영원한 친구입니다.
취미는 마음이 한결 차분해집니다.
친구는 담소를 나눌 수 있습니다.

진정한 친구

아들이 친구라면 모든 것을 걸고 좋아했다. 아버지와 아들은 서로 누가 진정한 친구를 갖고 있나 시험을 해보기로 했다. 당장 돼지 한 마리를 잡아 흰 보자기에 싸서 아버지가 짊어지고 아들친구 집에 갔다. 아들은 친구에게 살인을 했으니 좋은 묘책이 없는가, 상의를 해보자고 했다. 아들 친구는 언제 봤느냐는 듯이 냉대를 하였다. 이제는 아들이 짊어지고 아버지 친구를 찾았다. 아버지는 내가 실수를 하여 살인을 했으니 좀 도와 달라고 했다. 친구는 크게 걱정을 하며 마음을 안정시킨 후 어떻게 하면 좋겠느냐고 말을 했다. 그제야 아들과 아버지 세 사람이 한자리에 돼지를 놓고 술잔을 비우며 진정한 우정을 나누었다

지하상가

잘 정돈되어 있는 상품들이
보기도 좋다.
간판들의 모양은 동일한데
각각 상호만은 천차만별이다.

간간이 끌고 다니는 커피아줌마
바쁘게 차 배달 가는 도중
드문드문 쉼터마다 들러
콧소리를 낸다.

시대의 흐름 속에

걸어다니던 때와 달리
차도 타고 비행기도 타고
달나라도 가는 이때
온 세상을 이웃집 드나들 듯한다.

아파트가 하늘을 치솟듯
수천 배로 늘어나 사람들
단일민족에서
다문화 시대로 변하고 있다.

문화가 발전함에 따라
생활수준도 다양하다.
개성에 맞추어 살아가고 있다.
이제 운전을 하여야겠다.

폭염 폭우 태풍 3형제

따뜻한 봄날 아름다운 꽃들이 지면서 탐스러운 열매가 가을을 바라볼 때 지난 여름은 잔인했다. 예기치 않은 폭염 폭우 태풍 3형제가 등장했다.

첫 번째 폭염은 40도에 가까운 펀치를 20여일 동안 휘둘러 댔다. 밤에는 열대야가 사람들의 땀을 쥐어 짜내고 몹시 괴롭혔다.

두 번째 선수 등장, 무서운 폭우가 강한 펀치를 날려 시간당 50㎜ 하루에 300㎜ 이상의 강우량이 우리를 괴롭혔다. 주변 뚝방이 무너지고 산사태는 집을 덮치고, 도로가 많이 유실되어 무고한 사람들의 생명을 앗아갔다.

세 번째 선수 등장, 태풍 볼라벤 삼바가 찾아왔다. 바다에 어선들이 수난을 당하고 육지에서는 모든 과일들이 강펀치에 우수수 상처투성이가 되었다. 나무와 건물이 파괴되어 무법자 괴물은 사람을 괴롭히고 수천억의 손실을 내고 사라졌다.

식생활의 변화

핵가족 시대가 되었다. 식구가 적다보니 바쁘다는 핑계로 외식하는 사람이 많이 늘고 있다. 조미료를 많이 넣은 식당 음식을 자주 먹다보니 성인병도 많아졌고, 이름 모를 병이 늘고 있다. 정성이 담긴 집밥을 소홀히 한다.

계절에 따라 정성을 다해 장만한 음식을 대가족이 모여 하루 일정한 시간에 먹는 건강한 삶이 있었다. 집에서 지은 밥의 정성은 대대로 이어져서 집안가족들의 건강을 책임졌다. 경제성장을 이루면서 식사가 세계에서 제일 빠르다.

제4부

산에서 만나는 사람들

산신재

입춘이 지나 골짜기 훈훈한 봄바람
산마다 진달래가 벚꽃을 부른다.
먼 산 아지랑이 바람 따라 춤을 추고
고촉사 산신대재 가정마다 소원성취
음력 삼월 십육일 성대한 산신대재.
일광보살 월광보살 번갈아 비춰주니
천년의 꿈을 앉고 행복이 가득하네.

산에서 만나는 사람

수십 명이 매일 산을 오르며 건강을 과시할 때 , 조금 모자란 듯 외톨이인 사람도 있다. 몇 번을 보았지만 혼자 외롭게 다닐 때 아는 척 가벼운 인사를 했다. 그 다음부터 만날 때면 무척 반가운 듯 몇 번이고 인사를 반복한다. 알아주는 사람이 없는데 내가 아는 체 하는 게 고마운 모양이다. 여자 한 분도 같은 입장이다. 지금까지 내 위주로 살아온 것에 반성하며, 더 친절하게 만나는 사람에게 인사를 해야겠다.

조와 메밀꽃

1950년대는 6.25 사변과 더불어
가뭄이 몇 년 이어져
먹고살기가 어려웠다.
산비탈 메마른 착박한 땅에
조나 메밀을 심어 생계를 유지했다.
주렁주렁 조목이 고개를 숙이고
비탈진 메마른 밭에
하얗게 피어있는 메밀꽃
굶주림에 시달리던 사람들
생명을 이어준 귀중한 식량,
메밀은 조금만 끓여도
많은 사람이 먹을 수 있게 불어났다.
메밀풀대였다.

설거지

삼십년 전만해도 남자가 부엌에 들어가면 안된다고, 보는 사람들이 눈살을 찌푸리며 못마땅해 하던 시대였다. 아이들이 들어가면 꼬추 떨어진다며 못 들어가게 큰소리 쳤다.

시대의 흐름은 남자도 집에서 일을 도와가며 맞벌이 시대로 이어가다가 지금은 남자도 부엌에서 설거지를 도와주고 있다. 남자 요리사가 많으니, 설거지는 당연한 것 같다.

아이들을 조금 낳고 맞벌이를 하다 보니 당연히 남녀 동등하게 대우한다. 요즈음은 여자들이 큰소리치며 도와달라고 요청을 한다. 눈 질끈 감고 설거지를 한다.

연꽃

물이 흐르지 않는 곳에서
연을 가꾸다 보니,
큰 다라에 물을 부어
연을 길러, 보기가 좋았다.

겨울 추위를 이기기 위해
뿌리를 캐어 보관한다고 하였으나
겨울추위에 얼어
봄에 심으면 연거푸 실패를 한다.

물을 가득 채워두면
얼지도 않으며
얼어도 괜찮다.
다음해 새싹이 돋아 꽃이 아름답다.

만물은 태어날 때부터

승차권 없이 가는 무임승차
절대로 도중 하차는 허락되지 않는
긴 여행의 길이다.
좋으나 나쁘나
밤이나 낮이나
즐거우나 괴로우나
도중하차는 절대로 안된다.
몸이 피곤해도 쉴 시간이 없다.
만물은 죽음의 그날까지 여행길이다.
각자에게 배당된 시간을 여행한다.

여름 방학

젊은 세대들은 강이나 계곡보다
아이들처럼 바다를 선호한다.

콩나물시루 바가지 요금으로
극성을 부려도
비키니 몸매를 과시하며
파도가 부서지는
해변을 걷는 즐거움이 크다.

살아있는 동안에

길을 가다 보면
소도 보고 말도 본다는 말이 있다.
때로는 즐거운 때도 있고
괴로운 때도 있다.
인생의 고수와 하수의 차이는
생각부터 다르다.
고수는 모든 것에 감사하며
남을 도와주며 사는데
하수는 매사에
남을 원망하고 비방하며 괴롭힌다.
이순신은 세계해전 사상
유례 없는 승리를 거두지만
원균은 200척의 배를
해전에서 전멸하여 패하고 말았다.

실수란 있을 수도 있다

친한 사이일 수록 분명히 기록해야 한다. 오래 있다 보면 알송달송 한 때가 있다. 〈문학사랑〉에서 수필을 읽다보니 과거에 한 일이 생각난다. 어느 분이 급한 마음에 잘사는 친척한테서 이백만 원을 빌려쓰고, 한달 후에 갚었는데 몇 달 후에 전화가 왔다. 돈 언제 갚을 거냐고 독촉을 받았다. 당황스러워 일기장을 뒤져보니 이백만 원 갚으면서 음료수 한 병을 사다준 것이 너무나 소홀했다는 일기였다. 일기장을 들고 가 설명을 하니 자신이 실수를 하여 미안하다고 몇 번이고 사과를 했다고 한다.

나도 공장이 휴업하였을 때 장사를 한 적이 있다. 집에 세들어 사는 사람이 물건을 사고 다달이 갚아나갔다. 한 달치가 안 낸 것으로 기록되어 받았다. 지금 생각하면 미안하다. 나는 친목계 회원한테서 양복기지 한 벌을 샀었다. 며칠 후에 갚아주었다. 얼마 후에 안 받았다고 하여 다시 낸 적이 있다. 누구나 잘 알고 지낼 때, 믿다보면 실수가 있다. 준 사람은 기억을 하지만 받는 사람은 기록을 안 하면 실수가 생긴다.

행복한 가정

요즈음은 효도 소식보다
불효자식들의 뉴스가 자주 보도가 되어
안타까운 일이다.
핵가족 시대이기 때문에
부모에 대한 존경심을 보고듣고 가르칠
시간이 없기 때문이 아닌가 생각해 본다.
시골을 비롯해
전국 곳곳에 독거노인이 증가하는
쓸쓸한 세상이 되고 있다.
부모에 대한 효심은 점점 사라져 가고
멀리 있는 친척보다
가까이 있는 이웃사촌이 낫다는 옛말처럼
겸손이란
자기를 낮추며 효도하는 것이다

묘와 납골당

오십년 전만해도 동네에 초상이 나면 지관은 먼저 묏자리부터 정해놓고 상여로 모시었다. 명당을 찾아가는 길 상여에 올라 요령을 흔들던 선소리꾼의 모습은 이젠 옛말이 되고 말았다. 평소에 무심코 지나던 곳도 묘를 잘 써놓고 주변을 잘 정돈하면 훌륭한 명당자리로 보인다. 멀리서 볼 때와 가까이서 보는 느낌이 다르기 때문에, 요즈음은 장례가 끝나면 화장을 하는 경우가 많다. 화장 후 납골당으로 모시는 경우가 많아졌다. 시대의 흐름에 따라 바쁘다는 이유로 모든 것을 소중하게 생각할 여유가 없기 때문일 것이다.

고향 산천

생활공간의 파괴로 인해
실향민이 된 사람들과
이향한 사람들이 많다.
8.15광복 후의 남북분단
한국 전쟁으로
고향이탈 친척 및 이웃사람들.
고향 잃은 슬픔 때문에
고향이 그리운 것은
익숙해진 향수가 되었다.
고향의 본질은
각자 자란 잊지 못할 삶의 터전이다.
그래서 인간은
고향을 못 잊고 그리워한다.

계절의 물레방아

계절은 뜨거운 햇볕에 돌아가는 물레방아, 무덥던 삼복더위 속에 땀방울이 흘러서 가을을 만들었구나. 천고마비 결실의 계절, 들녘이 황금빛으로 물 들어가면, 산마루에 밤송이 떨어져 낙엽 속으로 굴러 간다. 추운 겨울을 지나, 추녀 끝에 달린 고드름이 녹아내리면, 따뜻한 새봄이, 아름답게 피어나는 꽃봉오리 속에서 자란다.

말은 지방에 따라

충청도는 말끝에서 유를 빼면
표준어와 다를 바 없다.
사투리 말이
이제 사라져가는 것은
우리가 표준어를 쓰고 있다는 증거다.
충청도의 사투리에는
"괜찮아유!"
"그기 그류!"
"알았슈!"
뒤의 말투가 늘어진다.
그 속에 지역정서를 잘 드러내는
소중한 문화유산이다.
사투리도 살려 써야할 소중한 언어다.

며느리

신혼에서 돌아온 새 며느리에게 점심상을 가져오게 했다. 집안일을 잘 모르니 가까운 슈퍼에 자주 드나들다 시간이 흐른 후 점심 상에 조갯국이 올라왔다. 아무것도 모르니 슈퍼에 가 물어서 차린 밥상이다.

그 후 일 년 후에 손녀딸 지현이 백일에 갔을 때 보니, 주방과 방 곳곳에 요리책이 있었다.

그 후 나와 집사람 생일날에는 밤새 장만한 음식을 백리가 넘는 먼 곳에서 차에 가득 싣고 와 차린다. 행사가 있을 때면 색다른 음식도 만들어 왔다. 정성이 듬뿍 들어간 음식들이다. 모든 음식이 입맛에 쏙 든다.

공동우물

옛날에는 가정마다 우물을 만들 수가 없기 때문에 마을 앞에 공동으로 우물을 파서 주민들이 사용하는 공동체였다. 우물가에 구기자와 앵두나무를 심었으며 우물에 사람이 많이 모이면 줄을 서서 차례를 기다렸다.

사람들은 정담을 나누며 빨래도 하고 각종 좋은 소식과 많은 이야기를 전달했다. 그러던 것이 가정에 펌프를 박아 사용하면서 발전해 왔다. 지금은 전화와 스마트폰 텔레비전 라디오로 세상 모든 소식을 알 수 있게 되었다.

이제 수돗물로 주방 목욕탕 화장실도 물을 마음대로 사용하니 많은 문화의 혜택을 받고 있다. 편리한 대신, 환경에 따라 이웃도 모르고 위층과 아래층도 서로 모르고 살아가는 사람들도 많이 있다.

가을 방생과 삼사 순례

고촉사에서는 일년에 봄가을로 방생과 삼사 순례를 합니다. 올가을은 용주사와 광덕사 마곡사를 순례하게 되었습니다. 방생은 공주 금강에서 한 다음 용주사로 향하였습니다.

사도세자의 왕생극락을 발원하는 효 사상 숨쉬는 도량인 효심의 본찰로 알려진 용주사, 점심공양 하기 위해 한 달 전에 예약을 하고 도착 30분 전에 연락을 하였습니다.

용주사에 도착, 대웅전에서 전원이 20분 예불을 한 다음, 먼저 공양간을 간 사람들 밥만 주고 찬이 없었습니다. 참으로 난감한 입장이었습니다. 뒤늦게 반찬이 나와 점심공양을 하게 되었습니다.

스님께 연유를 묻자 바쁜 일정이 많아 미처 준비를 못했다고 합니다. 백여 명의 점심공양을 못하였다면 책임의 부담을 어찌 감당할 것인가 생각하며 광덕사로 향하였습니다

소리 없이 내리는 봄비

봄에 사방을 둘러보면
은은한 초록빛이
온 세상을 감싸안고 있다.
봄 기운이 감도는데
아지랑이 어른대는
먼 산 나무를 보면
물이 오르고 있다.
나뭇가지에
뾰족뾰족 새싹이 돋는 신비
봄바람이 후원하는 응원소리
비가 포근히 내리는 날
꽃들이 함성소리로 손뼉을 친다.

평생 무임 열차

날이 밝아
햇볕이 온 세상 가득 채워도
밤이 되어
캄캄절벽 분간할 수 없어도
비가 억수로 내려
강을 건너지 못해도
몸이 아파
꼼짝 못하고 누워있어도
소리없이 가는 세월
누가 막을 것인가.
볼 수 없고 타보지 못한
평생 무임열차,
쉴 새 없이 달렸노라
생떼를 쓰는구나.
마음은 젊은데도
몸이 말을 안 들으니
모르면
저승에 가서 알아오라하네.

잘나고 못하고

잘난 사람 못난 척하면
소가 웃고
못난 사람 잘난 척하면
개가 짖는다.

기지개 켜면서 먼 산을 보니
노을이 산을 넘네.

제5부

보문산 시루봉

김장

60년대까지만 해도 김장을 담아
겨울을 지내는 큰 행사였습니다.
온 동네 사람들이 모여서
집집마다 서로 도와주는 인정,
겨울 식량에도 도움이 되었습니다.

세월이 흘러 핵가족화가 되고
김장 김치의 양이 줄다보니
김치 냉장고의 영향으로
일 년 내내 싱싱한 김치를
맛 볼 수 있는 시대가 되었습니다.

보문산 고촉사에도 불자들이 모여
서로 도우며 즐거운 마음으로
맛있는 김장을 담급니다.
공양 때마다 김치를 먹으며
서로의 손맛과 인정을 나눕니다.

보문산 시루봉

등산인들 시루봉 찾아서
가파른 길 찾아온 고축사
"시루봉을 어디로 가나요?"
물어오면
경내를 지나서
오른쪽 앞 방향에 이정표를
가리키면 고맙다 하네.

나무계단 육백오십 가파른 길
오를 때면
등줄기에 땀방울이 흐르네.
시루봉에 오르면
시원스런 솔바람이 반겨주네.
대전 시내 아름다운 전경들이
그림처럼 다가오네.

자벌레 떼의 경주

푸른 나뭇가지 길
양쪽 우거진 곳마다
벌레떼 줄을 길게 늘이고
낚시를 한다.
첫여름 바람에 흔들려
닿는 곳이 어디인가.
나무토막 난간 보조대 따라
오르락 내리락
자도 없이 온몸을 길게
쭉 펼쳤다
잔득 움츠리길 반복한다.
몇 시간 달려도
그 자리가 거기일 뿐이지만
개미 쳇바퀴 돌듯
숫자만 느는구나.
벌레떼 모여 오고가고
하루종일 경주만 하지
질서가 없기에
승자도 패자도 가리질 못하네.

고촉사 범종소리

우거진 산길 따라
고목나무 두들기는 딱따구리
먹이 찾아 옮겨가며
숲속을 헤매네.

산새들 지저귐이
계곡물 낮은 곳 찾아
소리 높이는 묘한 소리
고촉사 범종 소리에
발걸음이 가벼워 보이네.

시루봉 찾아가는 길
부처님께 합장하는 마음들
입가에 미소가 서린다.
도심에서 찌들었던 번뇌
모든 것을 내려놓네.

고촉사 울창한 소나무향이
범종소리 따라 퍼지네.

광덕사

천불전 안에
천불을 그린 탱화 3점이 있어
3000불의 그림이
장엄한 기운을 머금고 있다.
대웅전 앞 호두나무는
700년전 유청신이
중국에서 들여와 심은 것,
그래서 절 주변 일대는
호두나무가 많다.
천안호두 과자는
광덕사보다 더 유명하다.
대한민국을 대표하는 음식이다.

마곡사

태화산 마곡사는
봄에 꽃과 나무가
아름답기로 소문나 있다.
광덕사 관촉사 고산사 동학사 갑사 신원사는
마곡사의 말사(末寺)다.
영산전은 어진 정승과
용맹스런 장수를 만들어 낸다는 전각이다.
대웅보전은
아들 없는 사람이 사리나무 기둥을 안고 돌면
아들을 낳는다는 전설로
사리나무기둥들이 윤기가 돈다.
사람이 죽어서 염라대왕 앞에 가면
그대는 마곡사 사리기둥을
몇 번 돌았냐고 묻는다고 한다.

잃어버린 지갑

삼십년 전 해외 다녀온 기념으로 형님께서 사주신 지갑, 소중하게 잘 사용하다보니 좀 낡은 편이지만 아직도 더 쓸 수 있었다. 집에 와 지갑이 없음을 알고 관광버스회사와 마곡사에 연락을 하였으나 확인할 길이 없다. 마곡사 맥산스님 본인도 지갑을 잃은 적이 있었다며 확인한 후 내일 연락을 하겠다고 한다. 신경이 쓰이니 잠을 설치다 새벽에 꿈속에서 지갑을 찾은 꿈을 꾸었다. 새벽 비가 주룩주룩 내리는데도 마지막 버스에서 짐을 내린 곳을 찾아 갔으나 허사다.

집에 오니 집사람은 액땜 하였다 생각하고 잊으라며 돈이 필요하면 주겠다고 말한다. 식구의 따뜻한 말 한 마디에 마음이 조금 편안함을 느낀다. 오전 10시경 마곡사 맥산스님 전화, 골고루 확인하였으나 마곡사에서는 알 길이 없다는 전갈이다. 신경을 써주셔서 감사하고요. 나는 시를 쓰는 사람으로 시의 한 구절로 삼을까 한다고 하였더니, 너그러운 마음에 찬사를 보낸다면서 시집 [시루봉 가는 길]을 보내 주시면 좋겠다고 하였다. 지갑을 잃은 인연으로 시집을 나누게 되었다.

가을 단풍

여름내 무성한 녹음이
가을을 만들었구나.

산마다 단풍이 타올라
절경을 이루었구나.

벼 메뚜기

벼가 자라며 같이 커간 메뚜기는 6.25 사변 때만 해도 논마다 메뚜기 세상이었다. 누구나 잡으려하면 큰 주전자로 가득 잡았다. 솥에 넣고 볶으면 일미다. 맛있는 간식이다.

6.25 사변 때 다섯째 숙부님 댁에 피난 가 일주일 있는 동안 매일 논에서 메뚜기 잡는 재미로 시간을 보낸 일이 있다.

인민군이 후퇴하면서 버리고 간 총15정을 집에 형님이 가져다 놓았다가 파출소에 돌려주었다. 혹시라도 대둔산 빨치산이 알면 습격을 해올까봐 부적면으로 피난을 간 적이 있다.

끈질긴 인내심

옛날, 문화가 발전되지 않는 후진국, 어려운 시절에 태어난 아줌마들은 너무나 고생이 많았다. 가장 어려운 시기에 보리방아 찧어가며 땔나무가 없어 추울 때면 청솔가지 베어다 군불 때고 산은 민둥산, 보릿고개 먹고 살기 위해 고생을 고생으로 생각지도 않는 삶이었다. 아줌마들은 자식과 가정을 위한 일이라면 온몸을 불사르는 투지, 어떤 난관에 부딪쳐도 꺾이지 않고 버티는 힘이었다. 6.25 사변 때 전쟁으로 세계에서 가장 못 사는 후진국이었던 한국, 원조를 받던 우리나라가 60-70년대 어머니들의 억척스럽고 끈질긴 인내심이 있었기에 원조를 하는 나라로 발전했다.

으악새 슬피 우는 가을

산에 억새의 군락지가 있다.
군락지의 모습이 장관일 때
특히 바람 불 때
어느 한쪽으로 쓸리는 억새의 모습들은
가을을 아름답게 만든다.
한때,
"아-으악새 슬피 우니 가을인가요."
노래를 부르며 군락지를 찾았다.
누군가는 이런 표현을 했다.
큰 꽃은 혼자 있어도 아름답지만
작은 꽃들은 모여 있어야 아름답다.
억새들이 모여서 가을을 만들었다.

무관심 2

흔히 있는 속담 중에 설마가 사람잡는다는 말이 있다. 무심코 지나쳐 버린 일 중에서 설마 어떠랴 하는 무관심이 대형사고로 이어져 삼풍백화점붕괴 사고라든가, 세월호 침몰과 같은 참사가 일어났다. 우리는 일이 있을 때면 원인규명과 재발 방지를 위해 노력한다고 떠들썩하다가 시간이 흐르면 언제 그런 일이 있었던가 까마득이 잊어버린다.

인생의 삶은 눈앞에 보이는 일들을 생각하다, 과거를 잃어버리고 살아가기 때문이다. 돌다리도 두들겨 건너라는 말이 있지만, 나 아니더라도 잘들 하겠지 라는 무관심이 사고의 원인이다.

인생의 지혜

인도의 간디가 영국에서 대학 다닐 때, 자신에게 절대로 고개를 숙이지 않는 간디를 보고, 식사장소에서 어떤 교수가 돼지와 참새가 한자리에서 밥을 먹는 일은 없다고 말하자, 간디가 "염려 마십시오. 참새는 날아가니까요."라고 대답하였다.

장소를 옮겼다. 또 질문을 했다. 길가에 자루 두 개 중 하나는 돈자루 하나는 지혜자루라면, 두 자루 중 어느 것을 택할 것인가? 그러자 간디는 "당연이 돈이지요. 지혜는 누구나 있지만 돈은 필요한 사람만 해당되니까요." 대답하였다.

가을과 인생

단풍이 아름답게 물들면 가을이다.
삶을 돌아보는 계절이다.
중년을 지나
인생의 가을쯤이면
삶의 지혜가 돌아날 것만 같다.

추억

정처 없는 발길 한없이 이어져 가는데
차가운 달빛 속에 만리장성 쌓으려고
가야할 길은 아득하고 멀기도 하건만
할 일은 많은데 흐르는 무정한 세월

젊은 날 부풀어 오르던 꿈은 어디다 두고
기약 없이 흐르는 세월 속에 꿈을 싣고
밖에 떠오르는 아침 햇살에 희망을 걸고
거친 파도 헤치며 남기는 추억.

과거와 현재

사람들은 누구나
과거와 현재 미래가 있다.
과거는
살아온 발자취를 말하는 것이라면
현재는
살고 있는 현실과 미래를 예고한다.
과거 자신의 잘못은 알지도 못하고
남들을 원망한
지난날을
생각하고 깨우쳐 반성하면서
현재는
앞으로 발전해가는 희망의 등불이다.
어둠 속에서 걸어온 길을 지나
밝은 시대를 살고 있다.

말로 입은 상처

칼로 입은 상처보다
말로 입은 상처가 더 크다.
말은
인간이 살면서 소통하는
소중한 도구이다.
말은 한사람 입에서 나왔지만
천 사람의 귀로 들어간다.
흥하는 집의 말과
망하는 집의 말이 다르듯이
말에 정성과 진심을 담아
말을 하였을 때
듣는 사람도 희망과 용기를 얻어
밝은 등불이 된다.
속담에
말 많은 집은 장맛도 쓰다 했으니
쓸데없는 말을 삼가라.

항아리

밤낮 노력을 한다.
그래도 만족은 없다.

조금 더 나아가기 위해
조금 더 잘살기 위해

노력할 뿐이다.
다시 비울 뿐이다.

산사(山寺) 연등

부처님 오신 날에
연등을 올린다.

마음을 밝히려고
꽃등을 바라본다.

부처님 자비로우심
별빛처럼 빛난다.

옛 벗의 만남

세월이 흘러도 회장 총무 재무가 만나는 날은 무지개가 뜬다. 명절이면 부담 없는 선물에 마음을 담는다. 바구니에 덕담도 담는다. 늦도록 대화를 나누며 옛 시절을 나눈다. 세상의 메마른 상처를 보듬으며 어루만지는 사이, 유머에 꽃이 피고, 진심에 향기가 스민다. 부처님 말씀이 눈에서 빛난다.

|작품해설|

직관과 깨달음에 의한 관조적 경지

— 김창규 시인의 3시집 시세계

문학평론가 **리 헌 석**

(사) 문학사랑협의회 이사장

1.

살아가면서 맺고 푸는 관계가 특별한 의미로 다가서기도 한다. 법산(法山) 김창규 고촉사 신도회장과의 인(因)과 연(緣)이 그러하다. 2011년에 발간한 1시집 『시루봉 가는 길』에 해설 「시루봉의 바람과 고촉사의 불심」을 집필한 바 있다. 표현의 멋에 치우치는 현대시의 일부 성향과 달리 크고 작은 깨달음을 작품에 담아내는 자세가 오롯하였다.

첫 시집을 발간한 후 2년여에 걸쳐 창작한 148편을 모아 2013년에 발간한 그의 2시집 『산사의 목탁소리』에는 건양대학교 송정란 교수의 해설 「詩心, 佛心으로 지은 오롯한 절 한 채」를 수록하였다. 이 글에서 송교수는 〈불교의 교리를 바탕으로 한 종교적 형이상학의 시와 체험을 바탕으로 한 자전적 생활시가 두 축〉을 이루고 있다고 분석한 바 있다.

둘째 시집을 발간한 후 김창규 시인은 2년간 200여 편의 시를 빚었고, 이 중 100편을 선정하여 2015년에 3시집 『고촉사 소나무』를 발간한다. 이 시집에는 평소의 주장이나 사색을 통한 절

제된 시어들이 오롯하게 수록되어, 일부 작품에서는 선승(禪僧)의 깨우침을 연상하게 한다.

> 눈에 묻혀 길을 잃고
> 눈이 녹기를 기다린다.
> 따끈한 차 한 잔이 길이다.
>
> —「설중(雪中) 산사(山寺)」 전문

3행시에 담아낸 직관적 상황이 오롯하다. 산사에 겨울이 오고, 눈이 내려 쌓이면 잠시 세상과 단절된다. 단절의 고독을 차 한 잔으로 씻으며, 깨달음에 이르는 과정이 간명하게 형상화되어 있다. 셋째 행의 〈따끈한 차 한 잔이 길〉이라는 은유는 놀라운 발상이다. 이러한 발상은 여타(餘他) 작품에서도 산견(散見)된다.

> 안경 하나에
> 세상이 잘 보이다가
> 세상이 뿌옇게 된다.
> 그게 인간살이다.
>
> —「잃어버린 안경」 일부

이 작품의 전반부에는 안경을 여러 번 잃어버린 경험을 산문 형태로 나열한다. 우물에서 세수를 하다가 잃기도 하고, 차 사고로 잃기도 하고, 눈길에 넘어져 잃기도 하고, 작업을 하다가 잃기도 한다. 안경을 쓰고 있을 때에는 세상이 밝게 잘 보이지만, 안경을 잃은 뒤에는 온 세상이 뿌옇게 변한다.

이런 상황을 여러 번 경험한 시인은 〈그게 인간살이〉라는 깨달음에 이른다. 사람이 살아가는 것도 그러할 터이매, 젊은 시절의 순정한 지혜도 세월이 흐르면서 어두워지는 것과 통한다. 이는 세상을 살아내는 비유적 상황과도 연계된다. 마음을 명경지수(明鏡止水)처럼 맑게 하면 삶의 진리가 환해지고, 마음의 거울을 잃으면 세상이 어두워진다. 이처럼 다양한 해석이 가능한 선적(禪的) 깨달음이 작품에 투영되어 있다.

2.

깨달음이 안으로 향하면 득도(得道)에 이르고 밖으로 향하면 교훈이 된다. 이 깨달음은 크게 두 가지 양상으로 분류한다. 오랜 마음수련에서 비롯되는 점오(漸悟)는 천에 물이 스며드는 것처럼 자연스럽게 이루어진다. 또한 어둔 공간에 갑작스럽게 보이는 빛처럼 순간에 깨닫는 돈오(頓悟)의 경지가 있다.

이는 다시 순간적으로 해탈에 이르는 돈수(頓修)와 점진적으로 수양해 가는 점수(漸修)와 서로 연계되어 돈오돈수(頓悟頓修), 돈오점수(頓悟漸修), 점오돈수(漸悟頓修), 점오점수(漸悟漸修)의 양상으로 일컬어진다. 이를 구분하는 것은 중요하지 않으며, 깨닫는 과정과 깨달은 후의 자세가 중요하다.

잘난 사람 못난 척하면
소가 웃고
못난 사람 잘난 척하면
개가 짖는다.

기지개 켜면서 먼 산을 보니
노을이 산을 넘네.

—「잘나고 못나고」 전문

다양한 해석이 가능하지만, 〈잘난 사람 못난 척하면/ 소가 웃〉는다는 것은 염화미소와 같은 겸양의 자세다. 또한 〈못난 사람 잘난 척하면/ 개가 웃〉는 것은 소란한 상태의 반영이다. 소가 조용하게 미소 짓는 것과 개 한 마리가 짖으면 마을의 모든 개가 짖어 온통 소란스러워지는 상황을 대조한 작품이다. 어느 상황이든지 시인에게는 오불관언이다. 시인은 항심(恒心)을 유지하며 노을이 먼 산을 넘는 자연현상처럼 관조적 자세를 유지한다.

이런 자세는 쉽게 얻어지는 것이 아니라, 오랜 수양의 과정에서 비롯되었을 터이다. 자신을 찾는 과정을 불교에서는 심우(尋牛)로 비유하기도 한다. 나는 어떤 존재인가, 어떻게 살아야 하는가, 등에 대한 자문(自問)과 자답(自答)의 과정을 통하여 자신을 확인하는 것이다.

개와 싸워 이기면
개보다 더한 놈이라 말하고,
비기면
개와 똑 같은 놈이라 말하지만
지면
개만도 못한 놈이 되리라.

—「나는 어떤 존재인가」 일부

시인은 다툼을 멀리하라고 조언한다. 참는 것이 세상을 살아가는 진리라고 밝힌다. 출근 길, 앞차에 밀려 대기하고 있는데, 뒤에 있는 차가 빵빵 클랙슨을 울릴 때면 화가 나게 마련이다. 그렇지만 서로 다투면 똑같은 사람이 될까봐 꾹 참으라고 권한다. 싸워 이기면 개보다 더한 놈이 되고, 비기면 개와 똑 같은 놈이 되고, 지면 개만도 못한 놈이 되기 때문에 다툼을 피하라고 한다.

사람이 사람답게 사는 방법은 다툼을 피하고 스스로 참는 것, 그것이 가장 소중한 것이라는 진리를 담아낸다. 이러한 예를 구체적으로 형상화하여, 독자들에게 말하고 싶은 시인의 뜻을 분명하게 전달하고자 한다.

> 오르고 내리는 곳이 산이라면
> 물은 낮은 곳으로 내려간다.
> 가다가 갈 곳이 없으면
> 호수가 되고 바다가 된다.
>
> —「산은 높고 물은 낮다」 전문

이 작품은 우리 시대의 큰 어른이신 성철 스님의 〈산은 산이요(山是山) 물은 물이다(水是水)〉라고 설한 경지를 원용하고 있다. 이 말은 원래 중국에서 발간된 『금강경오가해(金剛經五家解)』라는 책에 나온 말인데 성철 스님이 인용해 유명해진 선구(禪句)다.

큰 스님 다섯 분이 금강경을 해설한 책으로 그 안에 〈산시산(山是山) 수시수(水是水) 불재하처(佛在何處)〉, 즉 〈산은 산이요, 물은 물인데, 부처님이 어디에 계시는가?〉라는 야부(冶父) 스님의 시구에 근거한다고 한다. '세상을 밝게 사는 혜안(慧眼)은 물처럼 자연스럽게 낮추어 사는 데에 있다.'는 김창규 시인의 깨달음이 담겨 있다. 이와 같은 깨달음은 향기처럼, 범종소리처럼 세상을 향하여 울림을 형성한다.

> 고촉사 울창한 소나무향이
> 범종소리 따라 퍼지네.
>
> —「고촉사 범종소리」 일부

김창규 시인은 고촉사 신도회장이다. 그 곳에서 자연과 동화되어 살아간다. 우거진 산길을 따라 딱따구리가 고목나무를 두들기는 광경을 목도한다. 딱따구리는 죽은 나무의 둥치를 부리로 파내어 입구가 둥근 보금자리를 마련하기도 하고, 나무껍질을 벗기면서 그 속에 사는 벌레를 잡아먹기도 한다.

딱따구리가 나무를 두들기는 소리는 듣는 사람에 따라 고축사 목탁소리로 들릴 수도 있을 것이며, 또한 범종소리와 어울려 도심의 찌든 번뇌를 씻어내기도 할 터이다. 이와 함께 시인은 고축사 울창한 소나무향이 범종소리를 따라 멀리 퍼지기를 소망한다. 이는 자신이 몸담고 있는 불교의 가르침이 널리 펼쳐지기를 바라는 선교(宣敎) 정신에 닿아 있다.

3.

김창규 시인은 깨달음과 사색의 결과를 뭇 사람들과 공유하고자 한다. 그의 시집은 서점을 통해 판매되기도 하지만, 고축사를 찾은 내방객에게 법보시(法布施)를 하기도 한다. 산길에 피어 있는 작은 꽃이라도 아름다움과 향기를 지니고 있듯이, 자신의 작은 깨달음일지라도 그 나름대로 의미와 가치를 내재하고 있다는 의식의 발현이다.

그리하여 시인은 크고 작은 깨달음을 시에 담아 인연이 닿은 분들과 나누고자 한다. 작품에 대한 평가는 오직 독자들의 몫이기 때문에 다양한 반응에 일희일비(一喜一悲)하지 않는다. 많은 사람들이 알고 있을 것 같은 특정한 사실도 작품에 투영하여 재음미하는 기회를 갖는다.

인내와 희생으로
묵묵히 살아온
어머니를 닮아
선모초라 부른다.

—「구절초」 일부

우리 산야의 가을을 아름답게 수놓는 꽃이 구절초다. 꽃의 아름다움은 물론 향기 또한 정갈하다. 그리하여 꽃차의 재료로도 쓰이고, 한약의 재료로도 쓰인다. 이러한 특성으로 인해 구절초는 선모초(仙母草)라 불린다. 또한 〈오월 단오에 줄기가/ 5마디가 되고/ 음력 9월 9일이 되면, 9마디여서 구절초〉라 불린다. 이와 같이 민간에서 전승되는 어원을 밝혀 사물의 특징을 시에 담는다.

> 단풍이 아름답게 물들면 가을이다.
> 삶을 돌아보는 계절이다.
> 중년을 지나
> 인생의 가을쯤이면
> 삶의 지혜가 돋아날 것만 같다.
>
> —「가을과 인생」 전문

김창규 시인은 가을을 사랑하는 시인이다. 오랜 기간 숙성한 작품을 2011년 가을에 편집하여 초겨울에 첫 시집을 발간한다. 이후 2년간 빚은 작품을 모아 2013년 가을에 2시집을 편집하여 겨울에 발간한다. 우연의 일치일까, 2년간 창작한 작품을 2015년 가을에 편집하여 겨울에 3시집을 발간한다. 세상의 화두처럼 김창규 시인에게 가을은 결실의 계절이다.

시인을 비롯한 뭇 사람들이 단풍을 아름답다고 한다. 사실상 단풍은 나뭇잎의 장엄한 종말일 터이지만, 봄과 여름에 풍성하게 자라, 가을에 삶의 마지막을 장식하는 모습이 아름답다. 중년을 지나 인생의 가을쯤에 단풍처럼 아름다운 모습으로 떠나기를 소망하는 시인의 정서가 오롯하다. 자연을 통하여 이와 같은 이치를 궁구(窮究)해 내는 시인의 지혜에 공감한다. 김창규 시인의 작품에 녹아 있는 오롯한 정서에 젖어 작품 감상의 여로를 접는다.

고촉사 소나무

김창규 시집

발 행 일 | 2015년 11월 30일
지 은 이 | 김창규
발 행 인 | 李憲錫
발 행 처 | 오늘의문학사
출판등록 | 제55호(1993년 6월 23일)
주 소 | 대전광역시 동구 대전로 867번길 52(삼성동 한밭오피스텔 401호)
전화번호 | (042)624-2980
팩시밀리 | (042)628-2983
홈페이지 | http://www.lito77.co.kr(홈페이지)
전자우편 | hs2980@hanmail.net

공 급 처 | 한국출판협동조합
주문전화 | (070)7119-1741~2
팩시밀리 | (031)944-8234~6

ISBN 978-89-5669-723-9
값 8,000원

* 이 책은 ㈜교보문고에서 E-Book(전자책)으로 제작 · 판매합니다.
* 잘못 제작된 책은 바꾸어 드립니다.